BEI GRIN MACHT SICH IHR WISSEN BEZAHLT

- Wir veröffentlichen Ihre Hausarbeit,
  Bachelor- und Masterarbeit

- Ihr eigenes eBook und Buch -
  weltweit in allen wichtigen Shops

- Verdienen Sie an jedem Verkauf

Jetzt bei www.GRIN.com hochladen und kostenlos publizieren

Bibliografische Information der Deutschen Nationalbibliothek:

Die Deutsche Bibliothek verzeichnet diese Publikation in der Deutschen National-
bibliografie; detaillierte bibliografische Daten sind im Internet über http://dnb.d-
nb.de/ abrufbar.

Impressum:

Copyright © 2014 GRIN Verlag, Open Publishing GmbH
Druck und Bindung: Books on Demand GmbH, Norderstedt Germany
ISBN: 9783668401327

Dieses Buch bei GRIN:

http://www.grin.com/de/e-book/353801/trainingsplan-ausdauertraining-mit-fahrra-
dergometertest

Suzana Stepanovic

Trainingsplan Ausdauertraining mit Fahrradergometer-test

GRIN Verlag

GRIN - Your knowledge has value

Der GRIN Verlag publiziert seit 1998 wissenschaftliche Arbeiten von Studenten, Hochschullehrern und anderen Akademikern als eBook und gedrucktes Buch. Die Verlagswebsite www.grin.com ist die ideale Plattform zur Veröffentlichung von Hausarbeiten, Abschlussarbeiten, wissenschaftlichen Aufsätzen, Dissertationen und Fachbüchern.

Besuchen Sie uns im Internet:

http://www.grin.com/

http://www.facebook.com/grincom

http://www.twitter.com/grin_com

Deutsche Hochschule für
Prävention und Gesundheitsmanagement
Hermann Neuberger Sportschule 3
66123 Saarbrücken

Einsendeaufgabe

Fachmodul:	Trainingslehre II
Studiengang:	Bachelor of Arts - Gesundheitsmanagement
Datum Präsenzphase:	27.10.2014 bis 29.10.2014
Name, Vorname:	Stepanovic, Suzana
Studienort:	**München**
Semester:	**Wintersemester 2013**

Inhaltsverzeichnis

1 Diagnose

1.1 Allgemeine und biometrische Daten

Tab. 1: Auswertung des Anamnesefragebogens meines Kunden

Alter	49 Jahre
Geschlecht	Männlich
Körpergröße	1,82 m
Körpergewicht	85,7 kg
Taille-Hüft-Quotient	0,88
Trainingsmotive und Wünsche	Vorbereitung seines ersten Marathons; Migräne lindern
berufliche Tätigkeit	Pflasterer
aktuelle sportliche Aktivitäten	Fußballspieler, v. a. Torwart und Mittelfeldspieler seit 1991 bei den AH (ein Mal pro Woche für 120 Minuten); seit 2011 jede Woche 15 km in 90 Minuten Joggen oder 40 km in 120 Minuten Rad fahren
frühere sportliche Aktivitäten	keine
Leistungsstufe	Geübter
Trainingsumfang	150 Minuten pro Trainingseinheit
zeitlicher Verfügbarkeitsrahmen	drei Mal pro Woche
Gesundheitszustand	Migräniker seit 1993 mit zwei bis drei Anfällen monatlich. Bei akuter Migräne erfolgt eine Behandlung durch Akupunktur.; Kopfschmerzen zwei bis drei Mal pro Woche
Medikamenteneinnahme	Triptane (Formigran) gegen Migräne Schmerzmittel (Voltaren) bei akuten Kopfschmerzen
subjektives Empfinden des aktuellen Wohlbefindens	fühlt sich beim Training kaum gesundheitlich eingeschränkt

Tab. 2: Bewertung der Diagnosedaten meines Kunden

Bewertung der Diagnosedaten:			
	Normdaten	Daten der Person	Bewertung
Blutdruck	< 130/80 mmHg	133/87 mmHg	Nach der Blutdruckklassifikation der American Heart Association ist der Blutdruck hochnormal, also im Normotoniebreich.
Ruhepuls	Untrainierte: 70 bis 80 Schläge pro Minute (S/min) Gut trainierte Ausdauersportler: 40 bis 50 S/min (Janssen, 2003, S. 50)	61 S/min	Der Ruhepuls liegt in einem normalen Bereich. Im Vergleich zu den Untrainierten ist er um 9 S/min besser und nur um 11 S/min schlechter als gut trainierte Ausdauersportler.

1.2 Leistungsdiagnostik/Ausdauertestung

1.2.1 Begründung des gewählten Fahrradergometertests

Mit meinem Kunden wird der Hollmann- und Venrath-Test durchgeführt. Dieser Test „ist einer der etabliertesten Fahrradergometertests zur Beurteilung der Ausdauerleistungsfähigkeit." (Reiß & Eifler, 2014, S. 73) Da mein Kunde in die Zielgruppe des H- &V-Tests passt, kann der Test mit ihm durchgeführt werden. Zumal mein Kunde regelmäßig Fußball spielt, joggt und Fahrrad fährt, kann man ihn zu den Breitensportlern bzw. zu den normal leistungsfähigen Personen zählen, die zur Zielgruppe dieses Tests gehören (Richter, 2008, S. 7). Zudem traue ich meinem Kunden eine Belastbarkeit von mindestens 150 Watt zu, da er regelmäßig Sport macht und dabei – beim Laufen und Rad fahren - eine gute Strecke zurücklegt.

Daraus lässt sich schlussfolgern, dass er, aufgrund langjähriger Erfahrung im Mannschaftsport als auch mit dem Laufen und Rad fahren, über eine gute körperliche Belastbarkeit verfügt. Aus diesem Grund wird er als moderat bis gut ausdauertrainiert eingestuft. Mit diesem Test kann dann, mit Hilfe einer Normtabelle, die nach dem Institut für Prävention und Nachsorge modifiziert ist (2004, S. 8), die relative Watt-Soll-

Leistung (Watt pro kg) von Männern seines Alters (45 bis 49 Jahren) verglichen werden.

1.2.2 Testverlauf des Fahrradergometertests

Nachdem der Ablauf der Voreinstufung vorgenommen wurde, kann - nach dem Hinweisen der Abbruchkriterien und der Einstellung des Rads für meinen Kunden - mit dem Test begonnen werden.

Tab. 3: Testverlaufsprotokoll des Hollmann- und Venrath-Tests

Testgerät	Fahrradergometer
Belastungsart	submaximale Belastung, Stufentest
Eingangsbelastung	30 Watt
Belastungssteigerung	40 Watt
Stufendauer	3 Minuten
Trittfrequenz	ca. 60-80 U/min
Pulsobergrenze nach WHO (180 – Lebensalter)	$180 - 49 = 131$ S/min
Abbruchkriterien	- Überschreiten der vorher festgelegten Pulsobergrenze von 131 S/min - subjektive Beschwerden z. B. Schwindel, Atemnot, Angina-Pectoris-Symptomatik, Übelkeit, etc. - Blutdruckverhalten z. B. Blutdruckabfall unter Belastung, zu starker Anstieg, etc.

Tab. 4: Testergebnis des Kunden

Eingangstest	Datum: 01.11.2014			
Zeit/min	Watt	Hf 1	Hf 2	Hf 3
0 – 3	30	79	78	77
4 – 6	70	80	85	87
7 – 9	110	87	96	95
10 – 12	150	99	116	124
13 – 15	190	129	137	
Watt gesamt	176,66			
Watt/Kg	1,94			
Bewertung nach Normtabelle	Ø			

Die Berechnung der gesamten Wattleistung berechnet man wie folgt:

40 / 3 = 13,33 Watt x 2 = 26,66 Watt

150 Watt + 26,66 Watt = 176,66 Watt

176,66 Watt : 85,7 kg = 1,94 Watt/kg

1.2.3   Bewertung des Testergebnisses

Nach der Normtabelle für submaximale Radergometertests, die 2004 nach dem Institut für Prävention und Nachsorge modifiziert wurde, ist herauszulesen, dass mein Kunde, in seinem Alter ein durchschnittliches Leistungsvermögen aufweist. Sein Wert beträgt nämlich 1,94 Watt/kg

1.3 Gesundheits- und Leistungsstatus der Person

Obwohl mein Kunde einen erhöhten Blutdruck aufweist und somit eine internistische Einschränkung vorhanden ist, deutet das Ergebnis des Testes darauf hin, dass mein Klient durchaus belastbar und motiviert ist. Deshalb könnten alle Formen des Ausdauertrainings für ihn in Frage kommen.

2 Zielsetzung/Prognose

Mein Klient hat drei spezielle Ziele, die er in einem Zeitraum von sechs Monaten erreichen will. Diese Ziele wurden in Grob-, Fein- und Feinstziel unterteilt - unter Berücksichtigung des Ausmaßes und der Zeit, in der das Ziel erreicht werden soll.

Tab. 5: Unterteilung der Zielsetzung in drei Ebenen

Ableitung von Zielen			
	Inhalt	**Ausmaß**	**Zeit**
Grobziel	Marathon laufen	3:35:00	10 Wochen
Feinziel	Steigerung des Hollmann- und Venrath-Tests	um 5 %	8 Wochen
Feinstziel	Blutdrucksenkung	auf 124/82 mmHg	6 Wochen

Das Grobziel ist das Hauptmerkmal auf das wir uns stützen. Der Marathonlauf ist auch der Grund, weshalb er seit Jahren Ausdauertraining betreibt.

Da der Test gut durchschnittlich ausgefallen ist, möchte er diesen bei dem Re-Test um 5 % steigern. Die Zeitspanne von acht Wochen ist hier realistisch. Den Blutdruck von 133/87 mmHg auf 124/82 mmHg zu senken wird auch einen Vorteil für seine Kopfschmerzen und Migräne mit sich bringen. Denn: Je niedriger der Blutdruck, desto geringer ist das Kopfschmerzrisiko (Liman, Siebert & Endres, 2010, S. 963).

3 Trainingsplanung Mesozyklus

3.1 Grobplanung des Mesozyklus

Tab. 6: Grobplanung des Mesozyklus

Mesozyklus	
Dauer	6 Wochen
Trainingsziel	- Stabilisierung und Weiterentwicklung der Grundlagen-ausdauer - Erhöhung der aerob-anaeroben Leistungsfähigkeit
Belastungsumfang/ Woche	5 Stunden bzw. 300 Minuten
Trainingsmethoden	- Extensive Dauermethode - Intensive Dauermethode - Extensive Intervallmethode
Trainingsintensität	- Extensive Dauermethode: 45 – 65 % Hf$_{Reserve}$ - Intensive Dauermethode: 65 – 80 % Hf$_{Reserve}$ - Extensive Intervallmethode: 70 – 85 % Hf$_{Reserve}$
Trainingshäufigkeit/ Woche	3
Dauer pro TE	- Extensive Dauermethode: 30 – 120 Minuten - Intensive Dauermethode: 20 – 60 Minuten - Extensive Intervallmethode: 40 – 60 Minuten
Trainingsgeräte	Laufband

3.2 Detailplanung des Mesozyklus

In den folgenden Tabellen ist die detaillierte Planung des Mesozyklus für sechs Wochen aufgelistet. Für die Trainingsherzfrequenz wurde die Karvonenformel verwendet: $Hf_{Reserve}$ x Intensität in % + Hf_{Ruhe}. Die $Hf_{Reserve}$ ist die Differenz aus der Hf_{max} und der Hf_{Ruhe}. Sie beträgt beim Laufband 110 S/min und beim Fahrrad 90 S/min.

Tab. 7: Detailplanung des Mesozyklus der ersten Woche

Woche 1	Sonntag	Mittwoch	Freitag
Trainingsziel	GA 1	GA 2	REKOM
Trainingsmethode	Extensive Dauermethode	Intensive Dauermethode	Extensive Dauermethode
Trainingsintensität	60 – 65 % $Hf_{Reserve}$	70 – 75 % $Hf_{Reserve}$	50 – 55 % $Hf_{Reserve}$
Trainingsherzfrequenz	127 – 133 S/min	138 – 144 S/min	116 – 122 S/min
Trainingsdauer	60 Minuten	40 Minuten	30 Minuten
Trainingsgerät	Laufband	Laufband	Laufband

Tab. 8: Detailplanung des Mesozyklus der zweiten Woche

Woche 2	Sonntag	Mittwoch	Freitag
Trainingsziel	GA 1	GA 2	REKOM
Trainingsmethode	Extensive Dauermethode	Intensive Dauermethode	Extensive Dauermethode
Trainingsintensität	60 – 65 % $Hf_{Reserve}$	70 – 75 % $Hf_{Reserve}$	50 – 55 % $Hf_{Reserve}$
Trainingsherzfrequenz	127 – 133 S/min	138 – 144 S/min	106 – 111 S/min
Trainingsdauer	70 Minuten	50 Minuten	40 Minuten
Trainingsgerät	Laufband	Laufband	Fahrrad

Tab. 9: Detailplanung des Mesozyklus der dritten Woche

Woche 3	Sonntag	Mittwoch	Freitag
Trainingsziel	GA 1	GA 2	REKOM
Trainingsmethode	Extensive Dauermethode	Extensive Intervallmethode	Extensive Dauermethode
Trainingsintensität	60 – 65% $Hf_{Reserve}$	80 – 85 % $Hf_{Reserve}$	55 – 60 % $Hf_{Reserve}$
Trainingsherzfrequenz	127 – 133 S/min	149 – 155 S/min	122 – 127 S/min
Trainingsdauer	100 Minuten	55 Minuten mit	55 Minuten

		8 x 3 Minuten lohnender Pause: Hf-Abfall unter 130 S/min (max. 3 min)	
Trainingsdauer			
Trainingsgerät	Laufband	Laufband	Laufband

Tab. 10: Detailplanung des Mesozyklus der vierten Woche

Woche 4	**Sonntag**	**Mittwoch**	**Freitag**
Trainingsziel	GA 2	REKOM	GA 2
Trainingsmethode	Intensive Dauer-methode	Extensive Dauer-methode	extensive Inter-vallmethode
Trainingsintensität	75 – 80 % Hf$_{Reserve}$	60 – 65 % Hf$_{Reserve}$	80 – 85 % Hf$_{Reserve}$
Trainingsherzfrequenz	144 – 149 S/min	115 – 120 S/min	149 – 155 S/min
Trainingsdauer	60 Minuten	40 Minuten	60 Minuten mit 10 x 3 Minuten lohnender Pause: Hf-Abfall unter 130 S/min (max. 3 min)
Trainingsgerät	Laufband	Fahrrad	Laufband

Tab. 11: Detailplanung des Mesozyklus der fünften Woche

Woche 5	**Sonntag**	**Mittwoch**	**Freitag**
Trainingsziel	GA 1	REKOM	GA 2
Trainingsmethode	Extensive Dauer-methode	Extensive Dauer-methode	Intensive Dauer-methode
Trainingsintensität	60 – 65 % Hf$_{Reserve}$	45 – 50 % Hf$_{Reserve}$	75 – 80 % Hf$_{Reserve}$
Trainingsherzfrequenz	127 – 133 S/min	111 – 116 S/min	144 – 149 S/min
Trainingsdauer	110 Minuten	50 Minuten	62 Minuten
Trainingsgerät	Laufband	Laufband	Laufband

Tab. 12: Detailplanung des Mesozyklus der sechsen Woche

Woche 6	Sonntag	Mittwoch	Freitag
Trainingsziel	GA 1	GA 2	REKOM
Trainingsmethode	Extensive Dauer-methode	intensive Dauer-methode	Extensive Dauer-methode
Trainingsintensität	60 – 65 % $Hf_{Reserve}$	75 – 80 % $Hf_{Reserve}$	50 – 60 % $Hf_{Reserve}$
Trainingsherzfrequenz	127 – 133 S/min	144 – 149 S/min	116 – 127 S/min
Trainingsdauer	120 Minuten	65 Minuten	40 Minuten
Trainingsgerät	Laufband	Laufband	Laufband

3.3 Begründung zum Mesozyklus

3.3.1 Begründung zum angestrebten wöchentlichen Belastungsumfang

Als angestrebter wöchentlicher Belastungsumfang wurden drei Trainingseinheiten mit bis zu über 200 Minuten pro Woche gewählt. Nach dem Niveau des Gesundheitsoptimalprogrammes von Eisenhut und Zintl (2013, S. 141 – 142) würde mein Kunde die Belastungsdauer von zwei bis vier Stunden pro Woche einhalten. Dennoch ist die von Eisenhut und Zintl (2013, S. 141 – 142) gegebene Belastungsdauer von maximal 60 bis 70 Minuten pro Einheit in den letzten Wochen überschritten worden, da er - wie in der fünften Woche zu sehen ist - hier bis zu 110 Minuten pro Einheit trainiert. Da ein wichtiger Punkt der Belastungsprogression der Belastungsumfang bzw. Trainingsdauer ist, wird diese jede Woche gesteigert. Dies fördert die Kondition und ist eine sehr gute Vorbereitung für den angestrebten Marathonlauf.

3.3.2 Begründung zu den ausgewählten Trainingsmethoden

Da das Hauptmerkmal die Trainingsziele sind, wird hauptsächlich nach der extensiven Dauermethode gearbeitet, da diese die periphere Durchblutung verbessert, die Ruhe-Hf senkt und vor allem den aeroben Stoffwechsel erweitert (Reiß & Eifler, 2014, S. 168). Die extensive Dauermethode wurde vor allem für das GA1-Training verwendet, da hier mit einer deutlich längeren Dauer trainiert werden kann bzw. das Training mit einer höheren Trainingsdauer durch die geringe Intensität möglich ist. Damit mein Kunde einen neuen Trainingsreiz bekommt, wird im GA2-Training mit der intensiven Dauermethode oder mit der extensiven Intervallmethode trainiert. Wie im GA1-Training wird die Trainingsintensität kontinuierlich um 5 bis 10 % gesteigert. Zudem werden bei der extensiven Intervallmethode Pausen von drei Minuten eingebaut, um einen Hf-Abfall zu gewährleisten und somit seinen Blutdruck zu kontrollieren.

3.3.3 Begründung zur Belastungsprogression

Bei der Belastungsprogression ist zu beachten, dass sich die Häufigkeit des Trainings pro Woche nicht verringert werden bzw. konstant bleiben soll. In unserem Fall wird kontinuierlich drei Mal pro Woche trainiert. Wöchentlich wird die Trainingsdauer um mindestens fünf Minuten gesteigert und die Trainingsintensität wird, vor allem beim GA2-Training, bis zu 85 % $Hf_{Reserve}$ erhöht. Denn der Grundsatz für die Belastungssteigerung des Ausdauertrainings ist: Häufigkeit vor Umfang vor Intensität.

3.3.4 Begründung zu den angesteuerten Trainingsbereichen

Da das Hauptziel meines Kunden der Marathonlauf unter vier Stunden ist, muss hier von dem Prinzip von Eisenreich und Zintl leicht abgewichen werden. Wichtig ist bei seiner Trainingsvorbereitung das optimale Verhältnis zwischen den Grundlagenausdauern 1 und 2. Das GA1-Training stabilisiert die Grundlagenausdauer und erhöht die aerob-anaerobe Leistungsfähigkeit (Reiß & Eifler, 2014, S. 195). Aus diesem Grund wird sie meist zu Beginn der Woche trainiert, um hier die Grundlagenausdauer korrekt aufzubauen und sich somit den ersten Schritt für den erfolgreichen Marathonlauf zu sichern. Zumal das GA1-Training eine Belastungsdauer von 30 bis 120 Minuten vorgibt, können hier die gewünschten Anpassungsprozesse stattfinden (Reiß & Eifler, 2014, S. 193). Um diese Grundlagenausdauer dann weiter zu entwickeln, ist das GA2-Training gut geeignet. Hier kann die Intensität bis zu 85 % $Hf_{Reserve}$ erhöht werden und liegt damit in einem aeroben-anaeroben Mischbereich. In diesem Bereich „erreicht der Organismus eine höhere Laktattoleranz" (Reiß & Eifler, 2014, S. 194) und muss deshalb mit Bedacht dosiert werden. Damit der Laktatspiegel wieder sinkt, sind Regenerationsphasen (REKOM) notwendig. Um diese zu gewährleisten, wird mit einer sehr geringen Belastungsintensität trainiert.

3.3.5 Begründung der ausgewählten Ausdauertrainingsgeräte bzw. Bewegungsformen

Als Trainingsgerät wird das Laufband gewählt. Der Grund für diese Wahl ist, dass mein Klient einen Marathon laufen möchte und somit in erster Linie das Laufen trainiert werden sollte. Damit sein Training etwas abwechslungsreicher wird, werden die REKOM-Phasen, in der zweiten und vierten Woche, mit dem Fahrrad absolviert.

4 Literaturrecherche

Tab. 13: Effekte des Ausdauertrainings bei Adipositas

Studie 1		Studie 2
Grediagin M. Ann, Cody Mildred, Rupp Jeffrey, Benardot Dan, Shern Robin	Wer hat die Studie durchgeführt?	Van Aggel-Leijssen Dorien P. C., Saris Wim H. M., Wagenmakers Anton J. M., Senden Joan M., Van Baak Marleen A.
1995	In welchem Jahr wurden die Studien publiziert?	2002
12 untrainierte, übergewichtige Frauen	Mit welchen Versuchspersonen wurden die Studien durchgeführt?	24 übergewichtige Männer
Die Frauen wurden in zwei verschiedene Gruppen eingeteilt. Die eine Gruppe führte das Ausdauertraining mit niedriger Intensität (50% VO_{2max}) durch, die Andere mit einer hohen Intensität (80% VO_{2max}). Beide Gruppen trainierten 12 Wochen vier Mal wöchentlich. Bevor das Training begann wurde bei allen 12 Frauen Gewicht, Körperfettanteil und Hautfaltendicke gemessen. Die Hautfaltendicke und die Körperumfänge wurden an sieben Körperstellen gemessen. Auch wurde die VO_{2max} ermittelt.	Wie sah der Versuchsaufbau der Studien aus?	Die Männer wurden in drei Gruppen eingeteilt. Die erste Gruppe führte das Ausdauertraining mit hoher Intensität (70% VO_{2max}), die Zweite mit niedriger Intensität (40% VO_{2max}) durch, während die Dritte gar kein Training durchführte. Das Training dauerte bei den trainierenden Gruppen 12 Wochen. Bevor das Training begann wurde bei allen Probanden der Fettstoffwechsel in Ruhe und unter Belastung gemessen. Ermittelt wurden zudem noch die Körperzusammensetzung und die maximale aerobe Kapazität.

Obwohl beide Gruppen mit unterschiedlich hoher Intensität trainierten, verloren alle die gleiche Menge an Fett. Dies ist damit zu erklären, dass die Gruppe mit der höheren Intensität zu einem geringeren Gewichtsverlust gelang und an fettfreier Masse zunahm.	Welche relevanten Ergebnisse und Schlussfolgerungen lieferten die Studien?	Auswirkungen auf die Fettoxidation konnten nur bei niedriger Intensität gezeigt werden. Die Fettoxidation zeigte eine Erhöhung unter Belastung, aber nicht in Ruhe. Im Bezug auf das Gewicht und die Körperzusammensetzung konnten ebenfalls keine signifikanten Veränderungen gezeigt werden. Alle trainierenden Gruppen zeigten eine positive Veränderung in der VO_{2max} auf. Hier ist dennoch kein signifikanter Unterschied zwischen dem Training mit hoher oder niedriger Intensität zu erkennen.

5 Literaturverzeichnis

Eisenhut, A. & Zintl, F. (2013). *Ausdauertraining. Grundalgen | Methoden | Trainings-steuerung* (8. Aufl.). München: BLV

Grediagin, M. Ann; Cody, Mildred; Rupp, Jeffrey; Benardot, Dan & Shern, Robin (1995). *Exercise Intensity Does Not Effect Body Composition Change in Untrained, Moderately, Overfat Women.* Zugriff am 04.11.2014. Verfügbar unter http://www.journals.elsevierhealth.com/periodicals/yjada/article/S0002-8223(95)00181-6/abstract

Institut für Prävention und Nachsorge (IPN). (2004). *IPN-Test® – Ausdauertest für den Fitness- und Gesundheitssport.* Köln: Institut für Prävention und Nachsorge.

Janssen, Peter G. J. M (2003). *Ausdauertraining. Trainingssteuerung über die Herzfre-quenz- und Milchsäurebestimmung* (3. Überarbeitete und erweiterte Auflage). Balingen: spitta

Liman, T.; Siebert, E. & Endres, M. (2010, 24. April). Kopfschmerz und Bluthoch-druck. *Der Nervenarzt,* 81 (8), 963-972.

Reiß, Manfred & Eifler, Christoph (2014). *Trainingslehre II – Gesundheitsorientiertes Ausdauertraining.* Saarbrücken: Deutsche Hochschule für Prävention und Gesund-heitsmanagement

Richter, Steve (2008). *Ausdauerleistungsdiagnostik: Labortest – Belegarbeit zum The-ma: Leistungsdiagnostische Testverfahren.* Zugriff am 04.11.2004. Verfügbar unter: http://home.arcor.de/daj12345/Trainingsplan/Belegarbeit.pdf

Van Aggel-Leijssen, Dorien P. C.; Saris, Wim H. M.; Wagenmakers, Anton J. M.; Sen-den, Joan M. & Van Baak, Marleen A. (2002). *Effect of exercise training at different intensities on fat metabolism of obese men.* Zugriff am 04.11.2014. Verfügbar unter http://jap.physiology.org/content/92/3/1300

6 Tabellenverzeichnis